O PODER DA ORAÇÃO TRANSFORMADORA

Stormie Omartian

O PODER DA ORAÇÃO TRANSFOR MADORA

7 orações que irão transformar a sua vida

Título original: *7 prayers that will change your life forever*
Copyright © 2006 por Stormie Omartian.
Edição original por Thomas Nelson, Inc.,Todos os direitos reservados.
Copyright da tradução© Vida Melhor Editora LTDA., 2018.

Gerente Editorial	*Samuel Coto*
Editor	*André Lodos Tangerino*
Produção editorial	*Bruna Gomes*
Tradução	*Valéria Lamim Delgado Fernandes*
Copidesque	*Norma Cristina Guimarães Braga*
Revisão	*Adriana Patrício*
	Giuliana Castorino
Capa e projeto gráfico	*Rafael Brum*

CIP-BRASIL. CATALOGAÇÃO NA FONTE
SINDICATO NACIONAL DOS EDITORES DE LIVROS, RJ

O64p

Omartian, Stormie
    O poder da oração transformadora / Stormie Omartian ; tradução Valéria Lamim Delgado Fernandes. - [2. ed.] - Rio de Janeiro : Thomas Nelson Brasil , 2018.

    112 p. ; 21 cm.

Tradução de: Praying god's will for your life
ISBN 9788578607463

1.Cristianismo. 2. Vida cristã. I. Fernandes, Valéria Lamim Delgado. II. Título.

18-50517   CDD: 248.4
                                         CDU: 248.4

Leandra Felix da Cruz - Bibliotecária - CRB-7/6135

Thomas Nelson Brasil é uma marca licenciada à Vida Melhor Editora LTDA.
Todos os direitos reservados à Vida Melhor Editora LTDA.
Rua da Quitanda, 86, sala 218 – Centro
Rio de Janeiro – RJ – CEP 20091-005
Tel.: (21) 3175-1030
www.thomasnelson.com.br

Sumário

1. Oração de confissão 9
Momento de reflexão e oração 19

2. Oração de salvação 23
Momento de reflexão e oração 35

3. Oração de libertação 39
Momento de reflexão e oração 55

4. Oração de submissão 59
Momento de reflexão e oração 73

5. Oração de louvor 77
Momento de reflexão e oração 91

6. Oração de promessa 95
Momento de reflexão e oração 109

7. Oração de bênção 113
Momento de reflexão e oração 125

Os olhos do Senhor estão sobre os justos e os seus ouvidos estão atentos à sua oração. (1Pedro 3:12)

um

Oração de confissão

*Eu disse: Confessarei as minhas
transgressões ao Senhor, e tu perdoaste
a culpa do meu pecado. (Salmo 32:5)*

Oração de confissão

PECADO É UM TERMO antigo, usado no arco e flecha, que significa errar o alvo. Qualquer coisa que não seja o centro fixo é pecado. Assim, em nossa vida, pecado não significa apenas roubar uma adega, assassinar alguém ou jogar baralho no domingo. É muito mais do que isso. Na verdade, trata-se de qualquer coisa fora do centro daquilo que é o melhor de Deus e de sua vontade perfeita para nossa vida. Isso amplia muito o conceito da palavra!

Quando não confessado, o pecado torna-se um tumor sutil — enrolando seus tentáculos em cada parte de nosso ser até ficarmos paralisados. A agonia de seu peso é descrita com precisão na Bíblia pelo rei Davi:

> Enquanto eu mantinha escondidos os meus pecados,
> O meu corpo definhava de tanto gemer.
> Pois dia e noite a tua mão pesava sobre mim;
> Minhas forças foram-se esgotando como em tempo
> de seca. Então reconheci diante de ti o meu pecado.
> E não encobri as minhas culpas.
> Eu disse: confessarei as minhas transgressões ao Senhor,
> E tu perdoaste a culpa do meu pecado. (Salmo 32:3-5)

Quando o pecado não é confessado, uma parede se levanta entre você e Deus. Mesmo que deixe de praticá-lo, se ele não for confessado diante do Senhor, ainda pesará sobre você, arrastando-o de volta para o passado que você está tentando deixar para trás. Sei disso porque costumava levar nas costas uma bolsa cheia de falhas, tão pesada que mal conseguia me mover. Não percebia como eu ficava curvada espiritualmente sob ela. Quando, por fim, confessei meus pecados, senti o peso daquela bolsa aliviar.

Todos nós, que trazemos feridas emocionais profundas do passado, já sofremos de baixa autoestima, medo e culpa. Mentalmente, nos martirizamos, tendemos a pensar no pior e nos sentimos responsáveis por tudo o que dá errado. É verdade que há momentos em que sentimos arrependimento por coisas que fizemos, mas não precisamos nos torturar, levando uma vida incessante de culpa. Deus proveu a chave para nos libertar: a oração de confissão.

Muitas vezes, não conseguimos nos ver como responsáveis por certas ações. Por exemplo, embora não seja sua culpa ser abusado por alguém, a reação ao abuso é. Você pode se sentir justificado em sua raiva ou amargurado, mesmo assim, deve confessar, porque esse sentimento frustra o que Deus tem para você. Se não confessar, o peso da raiva ou da angústia, no fim, irá esmagá-lo.

✺ Oração de confissão e arrependimento

Para que a confissão tenha efeito, ela deve ser feita com arrependimento. Arrependimento literalmente significa uma mudança de opinião. Significa você dar as costas, ir embora e decidir não cometer o mesmo pecado novamente.

Significa alinhar seu pensamento corretamente com Deus. É possível confessar sem, de fato, admitir uma transgressão. Na verdade, é possível simplesmente nos tornarmos bons em pedir desculpas, sem intenção alguma de sermos diferentes. Confissão e arrependimento significam dizer: "A culpa é minha. Desculpe. Não vou fazer mais isso".

Você precisa confessar e se arrepender de todo pecado para se livrar de sua escravidão, quer você se sinta mal ou não com ele, quer o reconheça ou não como tal. Um dia, no consultório de minha conselheira cristã, confessei, em oração, dois abortos, mesmo não tendo ideia, na época, de como isso era errado. Sempre encarei o aborto como um meio de sobrevivência, não um pecado, mas isso não o torna correto aos olhos de Deus. Li na Bíblia sobre o valor da vida no ventre. Também li: "Embora em nada minha consciência me acuse, nem por isso justifico a mim mesmo" (1Coríntios 4:4). Não me livrei das garras mortais da culpa dos abortos até me arrepender e receber o pleno perdão de Deus. Toda vez que confessar algo, veja se você, honesta e verdadeiramente, não sente mais vontade de praticar o mesmo engano. Lembre-se de que Deus "conhece os segredos do coração" (Salmo 44:21). Estar arrependido não significa necessariamente nunca mais cometer o mesmo pecado, mas significa não pretender cometê-lo novamente. Se perceber que está repetindo, em várias ocasiões, o mesmo erro, é necessário confessá-lo todas as vezes. Se você cometeu um pecado que confessou no dia anterior, não deixe ele se colocar entre você e Deus. Confesse-o novamente. Desde que se arrependa, verdadeiramente, todas as vezes, você estará perdoado e, por fim, ficará livre. A Bíblia diz:

"Arrependam-se, pois, e voltem-se para Deus, para que os seus pecados sejam cancelados, para que venham tempos de descanso da parte do Senhor" (Atos 3:19,20).

> Como é feliz aquele que tem suas
> transgressões perdoadas! (Salmo 32:1)

Onde houver um pecado não confessado, o diabo tem um gancho preso a você. Recaídas não são desculpas. Se quiser ser libertado da escravidão do pecado, você deve manter sua vida totalmente aberta diante do Senhor.

Você não pode ser libertado de algo que não pôs fora de sua vida. Confessar é falar toda a verdade sobre o seu pecado. Renunciar a ele é tomar uma posição firme e remover o direito do pecado permanecer. Uma vez que não somos perfeitos, a confissão e o arrependimento são contínuos. Há sempre novos níveis da vida de Jesus que precisam ser operados em nós. Estamos aquém da glória de Deus em sentidos que sequer podemos imaginar.

❀ A oração de confissão cura seu coração

Quando você está construindo um alicerce, tem de tirar a lama. O problema é que a maioria de nós não cava fundo o suficiente. Embora não seja possível ver todos os seus erros o tempo todo, você pode ter um coração disposto a ser ensinado pelo Senhor. Peça a Deus para trazer à luz pecados dos quais não está ciente, para que possa confessá-los, se arrepender deles e ser perdoado. Reconheça que há algo, todos os dias, para confessar e ore com frequência, como fez Davi:

Vê se em minha conduta algo te ofende, e dirige-me pelo caminho eterno. (Salmo 139:24)

Cria em mim um coração puro, ó Deus, e renova dentro de mim um espírito estável. (Salmo 51:10)

Absolve-me dos [erros] que desconheço! (Salmo 19:12)

Às vezes, quando achamos que não temos algo para confessar, uma oração a Deus pedindo que nos mostre revelará uma atitude não arrependida, que criou raízes no coração, como uma postura muito crítica ou a falta de perdão. Confessá-la impede que tenhamos de pagar um preço emocional, espiritual e físico. Também irá beneficiar nossa vida social, uma vez que as imperfeições de nossa personalidade, que não podemos ver, muitas vezes são óbvias para os outros.

A confissão é, na verdade, um modo de vida. Se não estamos andando no caminho de Deus, se estamos fazendo algo em desobediência — falando da vida alheia, mentindo ou agindo de um modo desonroso com alguém —, precisamos recomeçar do zero, e isso só acontece com a confissão: "Deus, coloco-me diante de ti e confesso minha atitude para com meu chefe. Eu me arrependo dela. Quero ser mais parecido com Cristo a cada dia".

Às vezes, quando meu marido, Michael, dizia algo que feria meus sentimentos, eu reagia — e respondia de um modo tão ofensivo quanto o dele. Isso só piorava a briga. Logo aprendi que, antes de me desculpar com Michael, precisava me desculpar com Deus. Então, na sua presença eu dizia: "Deus, sinto muito pelo que eu disse. Sei que fui movida pela carne, não pelo Espírito". Descobri que confessar ao Senhor me ajudava a não me comportar assim e a pedir desculpas, ao Michael, de uma maneira melhor.

Pense em sua própria vida. Algo desse tipo aconteceu entre você e outra pessoa? Você tem alguma atitude que precisa confessar? Se tiver, não hesite. Quanto mais rápido tratar disso, melhor.

> Quem esconde os seus pecados não prospera,
> mas quem os confessa e os abandona encontra misericórdia. (Provérbios 28:13)

O pecado leva à morte; o arrependimento leva à vida. O tempo passado entre o pecado e o arrependimento será responsável pela extensão da morte, que será alimentada em sua vida. Se você tem plantado muita morte, os problemas não irão desaparecer logo depois de sua confissão. Mas ela será o início de um processo de reversão do que houve em decorrência do pecado.

Sempre tenha em mente que os caminhos de Deus são para seu benefício. A confissão não serve para Deus encontrar alguma coisa. O Senhor já sabe. A confissão serve para que você se refaça. Deus não está seguindo seus passos, esperando você fazer algo errado para castigá-lo. Ele não tem de fazê-lo porque o castigo está inerente no pecado. Uma vez que Deus sabe disso, ele lhe deu a chave da confissão. As pessoas que confessam encontram a misericórdia e o poder ilimitado de Deus.

Momento de reflexão e oração

1. Quando foi a última vez que você se arrependeu de algo?

   ....
   ....
   ....

2. Responda com suas palavras: qual é o papel da confissão no processo de arrependimento?

   ....
   ....
   ....
   ....

3. Tenha um momento de reflexão e oração e liste, com lápis, os pecados que você vive enfrentando. Confesse sua fraqueza a Deus e vá apagando, palavra por palavra, cada pecado de sua lista até não sobrar nenhum.

   ....
   ....
   ....

4. O que você sente quando volta a cometer um pecado já confessado?

   ....
   ....
   ....
   ....

5. É difícil, para você, se sentir perdoado? Por quê?

   ....
   ....
   ....
   ....

6. Relate como esta oração pode mudar sua vida e quais são seus planos e desafios deste momento em diante.

   ....
   ....
   ....
   ....

dois

Oração de salvação

O nosso Deus é um Deus que salva. (Salmo 68:2)

Oração de salvação

PASSEI MUITOS ANOS APRENDENDO o que se cumpriu quando Jesus morreu na cruz: Ele levou tudo o que viria para mim — dor, doença, fracasso, confusão, ódio, rejeição e morte — e me deu tudo o que viria para ele — toda a sua perfeição, cura, amor, aceitação, paz, alegria e vida. Por causa da graça de Deus, podemos fazer a oração de salvação. Só é preciso dizer: "Jesus, vem morar em mim. Quero que seja Senhor da minha vida".

Quando eu tinha vinte e poucos anos, meu estilo de vida era motivado por uma necessidade desesperada de amor. Uma consequência desastrosa foi dois abortos em menos de dois anos. Ambos foram horríveis, assustadores e traumáticos, física e emocionalmente (sem mencionar que eram ilegais), mas senti mais alívio do que remorso com eles. Somente anos mais tarde, depois de começar a andar com o Senhor e aprender sobre seus caminhos, foi que vi o que eu havia feito.

Quando Michael e eu decidimos ter um filho, os meses se passavam, mas eu não ficava grávida. Eu, que havia engravidado tão facilmente antes, achava que, com certeza, estava sendo castigada.

"Deus, sei que não mereço dar à luz uma nova vida depois de destruir, duas vezes, a vida que havia dentro de mim", eu orava. "Mas, por favor, tem misericórdia e ajuda-me a engravidar."

Ele respondeu a essa oração, e meus dois filhos foram o maior exemplo da misericórdia e graça de Deus para comigo. Ele me deu exatamente o que eu não merecia.

❀ A oração de salvação traz a misericórdia e a graça de Deus

A graça de Deus é para aqueles que vivem em seu reino e cujo reino vive neles. Não é possível receber a graça de Deus a menos que o recebamos. É uma dádiva que está com Deus, em suas mãos.

Graça e misericórdia são muito parecidas. A graça acontece quando Deus se abstém de castigar uma pessoa culpada. A misericórdia é a compaixão de Deus por nosso sofrimento, que vai além do que se pode esperar. Precisamos de ambas.

Se não fosse pela graça e pela misericórdia de Deus, não seríamos salvos, pois a Bíblia diz: "Vocês são salvos pela graça" (Efésios 2:8) e "devido à sua misericórdia, ele nos salvou" (Tito 3:5). Antes de conhecermos Jesus, éramos "culpados" e "miseráveis", mas a "graça" e a "misericórdia" de Deus nos salvaram.

> O Senhor se agrada dos que o temem, dos que colocam sua esperança no seu amor leal. (Salmo 147:11)

Graça tem a ver com tudo o que diz respeito a Deus. Ele a faz. Não nós. A graça é sempre uma surpresa. Você acha que não vai acontecer e acontece.

❈ A oração de salvação dá acesso ao reino de Deus

Salvação é mais do que Jesus fez por nós na Cruz do Calvário; é Jesus vivendo em nós. Você pode ter nascido em uma família cristã ou frequentado uma igreja cristã durante toda a sua vida, mas se não tiver feito a oração de salvação e dito a Deus que deseja receber Jesus como Salvador, não nasceu para o reino de Deus. Você não pode herdá-lo, obtê-lo por osmose, transplante ou implante, nem pedir para uma estrela consegui-lo. Você tem de declarar sua fé em Jesus Cristo.

Se quiser a vida de Jesus em você, apenas diga: "Jesus, eu o reconheço neste dia. Creio que é o Filho de Deus. Embora seja difícil compreender um amor tão grande, acredito que você entregou sua vida por mim para que eu pudesse, agora, ter vida eterna e abundante. Peço que me perdoe por não viver como você quer. Preciso que me ajude a me tornar tudo o que me criou para ser. Vem para a minha vida e enche-me com seu Espírito Santo. Que toda a morte em mim seja ocupada pelo poder de sua presença e que este dia transforme minha vida em um novo começo".

Se você não se sente à vontade com essa oração, converse com Jesus como conversaria com um bom amigo e confesse que cometeu alguns erros. Diga-lhe que você não pode viver sem ele. Peça-lhe para perdoá-lo e entrar em seu coração. Fale que você o recebe como Senhor e agradeça a vida eterna e o perdão que ele lhe deu.

Uma vez feita a oração de salvação, você será libertado da culpa, salvo da morte em cada parte de sua vida e seu futuro estará seguro.

Respondeu Jesus: "Eu sou o caminho, a verdade e a vida. Ninguém vem ao Pai, a não ser por mim". (João 14:6)

❈ A oração de salvação liberta da culpa

Todos têm algum tipo de culpa por erros do passado. Às vezes, por coisas que sabemos que fizemos; outras, trata-se de um grande arrependimento pelo que julgamos poder ter evitado; e, às vezes, a culpa é por violarmos certas leis naturais que nem sabíamos ter violado. Seja qual for a razão, a culpa nos oprime com um peso esmagador e, a menos que seja eliminada, ela nos separa da plenitude de vida.

O que pode levar nossa culpa embora? Considere, por exemplo, um homem que, por acidente, dá ré no carro, atinge a filha de 2 anos, matando-a. Ou uma mulher que consumiu drogas enquanto estava grávida e teve um filho com problemas mentais. Ou, ainda, uma mãe que, por acidente, certa noite, atirou em seu filho adolescente, que chegava tarde em casa, confundindo-o com um ladrão, tirando a vida dele. Como essas pessoas conseguem se libertar da culpa por um mal tão devastador e irreparável?

Ou como você e eu convivemos com remorsos terríveis? "Se eu tivesse...", "se eu não tivesse..." Esses pensamentos ecoam a agonia de situações que não podem ser mudadas. Está feito! Não há como conviver com isso a não ser que você empurre a culpa para o fundo de seu ser e não se permita senti-la novamente. Não fale sobre ela. Não a mencione. O problema é que você pensa que está se livrando da culpa até que ela começa sozinha a vir à tona. Depois, ela aparece na forma de uma doença. Ou talvez afete sua mente e suas emoções, deixando-o nervoso ou fechado em si mesmo ou fóbico ou depressivo, como a infecção de uma ferida profunda sobre a qual se colocou rapidamente um curativo sem que fosse adequadamente limpa e tratada.

E o que dizer de nossa culpa por coisas que fizemos e violaram as leis de Deus; leis das quais não tínhamos ciência na época? Mesmo que uma mulher que fez um aborto acredite ter tomado a decisão correta, nunca ouvi nenhuma dizer: "Eu me senti realizada e enriquecida com esta experiência". A mulher pode se sentir aliviada, mas nunca pensar: "Foi maravilhoso o que fiz! Pude perceber o propósito de Deus para minha vida e, por isso, sou uma pessoa melhor". Reconhecida ou não, a culpa existe porque essa mulher violou uma lei da natureza. O que e quem pode levar essa culpa embora? Uma amiga que diz "não se preocupe", "não foi sua culpa", "você não pode se sentir assim" não faz você se livrar do que sente lá dentro. Somente o perdão de Deus pode fazer isso. Quando fazemos a oração de salvação para recebermos Jesus como nosso Salvador, somos imediatamente libertados do castigo de nossos erros. Pela primeira vez, estamos livres de precisar encarar o fracasso de nosso passado.

❈ A oração de salvação traz paz e vida abundante

Ao orar para receber Jesus como seu Salvador, você tem a paz de saber que seu futuro está seguro. A Palavra de Deus diz: "A vontade de meu Pai é que todo aquele que olhar para o Filho e nele crer tenha a vida eterna, e eu o ressuscitarei no último dia" (João 6:40). Seu futuro nesta vida também está seguro. Deus promete que, se você o reconhecer como Salvador, ele irá guiá-lo em segurança aonde você precisa ir: "Reconheça o Senhor em todos os seus caminhos, e ele endireitará as suas veredas" (Provérbios 3:6). Isso não significa que, no mesmo instante, teremos todos os nossos problemas resolvidos e nunca mais conheceremos a dor, mas teremos o poder dentro de nós para atingir nosso potencial.

Quando Jesus morreu na cruz, ele também ressuscitou dos mortos para quebrar o poder da morte sobre qualquer pessoa que receber sua vida. Jesus venceu a morte — seja no fim da vida ou nas múltiplas formas enfrentadas diariamente. Na morte de nossos sonhos, finanças, saúde ou relacionamentos, Jesus pode trazer sua vida para ressuscitar qualquer lugar morto em nós. Portanto, não temos de nos sentir sem esperança. Para todos que se abrem, ele também dá qualidade de vida abundante, satisfatória e cheia de sentido. Ele transcende nossas limitações e nos permite fazer coisas que nunca pudemos à parte dele. Jesus é o único que pode nos dar vida antes da morte e vida após a morte. Sem ele, morremos um pouco a cada dia. Com ele como nosso Salvador, nos tornamos cada vez mais vivos.

❈ A oração de salvação dá acesso ao Espírito Santo

O Espírito Santo é o espírito de Deus enviado por Jesus para nos dar consolo, edificar, guiar em toda a verdade, nos trazer dons espirituais e nos ajudar a orar com mais eficiência, dando-nos sabedoria e revelação. Ele não é uma fumaça ou uma nuvem mística, mas outra parte de Deus. É o poder divino e o meio pelo qual Deus fala conosco.

A Bíblia diz: "Porei o meu Espírito em vocês e os levarei a agirem segundo os meus decretos e a obedecerem fielmente às minhas leis" (Ezequiel 36:27). O Espírito Santo opera a perfeição de Deus em nossa vida. E não é preciso medo ou mistério porque, isolados da criação de Deus, temos um lugar especial, que nos é inerente, onde seu Espírito pode habitar. Esse lugar estará sempre vazio a menos que seja preenchido por ele.

Não queremos "aparentar piedade" e acabar negando "seu poder" (2Timóteo 3:5); isso limitaria o que Deus pode fazer em nossa vida. Tampouco queremos "sempre [aprender], e jamais [conseguir] chegar ao conhecimento da verdade" (2Timóteo 3:7). A menos que o Espírito Santo nos instrua de dentro para fora, nosso conhecimento da verdade será sempre limitado. Não limite o que Deus pode fazer em sua vida por não conseguir reconhecer o Espírito Santo de Deus nela.

Quando ouvi, pela primeira vez, os nomes Ajudador e Consolador em referência ao Espírito Santo, soube, no mesmo instante, que queria esses atributos de Deus em minha vida. Percebi que, para obtê-los, primeiro eu tinha de reconhecer a existência do Espírito Santo, depois, convidá-lo a habitar dentro de mim. Ao fazer isso, descobri três razões importantes para ser cheia do Espírito Santo de Deus:

- Para adorar Deus mais plenamente;
- Para experimentar e transmitir o amor de Deus de maneira mais completa;
- Para tomar posse mais efetivamente do poder de Deus em minha vida.

No entanto, descobri, ao longo dos anos, que se encher do Espírito Santo é um processo contínuo e cada vez mais profundo. Temos de estar dispostos a nos abrir para cada nível e dimensão nova a fim de que o Espírito Santo possa nos capacitar a realizar o que jamais seríamos capazes de fazer sem essa atitude plena repleta de amor, poder e vida.

Momento de reflexão e oração

1. Você convive com a sombra do remorso e não consegue se perdoar por seus atos passados?

   ....
   ....
   ....
   ....

2. Pesquise ou traga à memória versículos da Bíblia que falam sobre salvação.

   ....
   ....
   ....
   ....

3. Depois da pesquisa, responda com suas palavras: o que é salvação?

   ....
   ....
   ....
   ....

4. Você pode dizer que vive uma vida abundante? Por quê?

   ....
   ....
   ....
   ....

5. Peça que o Espírito Santo lhe revele seu papel como Consolador de maneira prática ou pessoal.

   ....
   ....
   ....
   ....

6. Reconheça que só o Espírito Santo pode enchê-lo(a) de amor, poder e vida. Encerre este capítulo com uma oração.

   ....
   ....
   ....
   ....
   ....

três

Oração de libertação

Ele é o Deus que me reveste de força e torna perfeito o meu caminho. (Salmo 18:32)

Oração de libertação

"VOCÊ NÃO TEM VALOR e nunca será grande coisa", dizia minha mãe, enquanto me empurrava para dentro do pequeno armário, que ficava debaixo da escada, e batia a porta. "Agora, fique aí até eu conseguir olhar na sua cara!" O som de seus passos desaparecia enquanto ela atravessava o pequeno corredor de volta à cozinha.

Eu realmente não sabia o que havia feito para ser trancada outra vez no armário, mas sabia que devia ser algo ruim e que provavelmente eu era má; acreditava que todas as coisas negativas ditas por ela a meu respeito estavam, sem dúvida, certas. Afinal, ela era minha mãe.

O armário era pequeno, uma área retangular sob a escada, onde ficavam as roupas sujas em um cesto velho de vime. Eu me sentava sobre a pilha de roupas e encolhia os pés para eliminar a possibilidade de tocar nos ratos que, de tempos em tempos, corriam pelo chão. Naquele buraco escuro, eu me sentia só, não amada e terrivelmente amedrontada, enquanto esperava passar o tempo aparentemente interminável que minha mãe levava para se lembrar de que eu estava ali ou para que meu pai voltasse, quando ela se certificava de me deixar sair. Qualquer uma dessas opções significava que eu me livraria do armário e do sentimento devastador de ser enterrada viva e esquecida.

Como provavelmente você pode perceber, fui criada por uma mãe com problemas mentais, e, entre outras atrocidades, passei a maior parte da minha primeira infância trancada em um armário. Embora algumas pessoas soubessem do comportamento estranho dela, sua doença mental não foi claramente identificada até o fim da minha adolescência. Durante todo o meu processo de crescimento, seu comportamento extremamente instável deixou-me com sentimentos de futilidade, desesperança, impotência e profunda dor emocional; tanto que, quando jovem, eu ainda era trancada em um armário — só que os limites eram emocionais, não físicos. Eu estava cercada por uma dor profunda, sempre presente em minha alma, evidente por certos atos de autodestruição e medo paralisante, que controlavam minha respiração.

Muitos anos depois, sentei-me frente a Mary Anne, uma conselheira cristã, que me disse que eu precisava perdoar minha mãe se quisesse me sentir inteira e completamente curada. Perdoar alguém que me tratou com ódio e abuso? Alguém que arruinou a minha vida, transformando-me em uma aleijada emocional? "Como?", pensei, arrasada diante da possibilidade de tamanha tarefa. Eu já havia confessado meus pecados e, agora, minha conselheira pedia que eu perdoasse minha mãe — tudo isso na mesma sessão de aconselhamento.

"Você não precisa sentir perdão para dizer que perdoa alguém", explicou Mary Anne. "Perdão é algo feito por obediência ao Senhor, porque ele perdoou você. Só é necessário se dispor a dizer: 'Deus, confesso o ódio que tenho de minha mãe e peço seu perdão. Eu a perdoo por tudo que ela fez a mim. Perdoo-a por não me amar e coloco-a em suas mãos'."

Por mais difícil que fosse, fiz o que Mary Anne orientou porque eu queria perdoar minha mãe, mesmo não sentindo nada que se aproximasse disso. "Deus, perdoo minha mãe", eu disse no fim da oração. Sei que só por conseguir falar essas palavras, já significava que o poder de Deus estava operando em minha vida. Senti o amor dele naquele momento mais do que nunca.

Logo descobri, no entanto, que a falta de perdão com raízes profundas, como a que eu sentia por minha mãe, devia ser desfeita, camada por camada. Isso se aplicava, sobretudo, ao meu caso, uma vez que os insultos verbais dela se tornaram cada vez mais intensos com o passar do tempo. Um dia, enquanto pedia novamente a Deus um coração perdoador, me senti levada a orar: "Senhor, ajuda-me a ter um coração como o teu para com minha mãe".

Quase imediatamente, tive uma visão dela nunca antes experimentada. Minha mãe era bonita, engraçada, amorosa, talentosa, uma mulher que não se parecia em nada com a pessoa que eu conhecia. Meu entendimento dizia que eu a estava vendo como Deus a criara para ser, não como ela havia ficado. Que revelação maravilhosa! Eu mesma não poderia tê-la imaginado. Nada superava meu ódio por minha mãe, exceto, talvez, a profundidade de meu próprio vazio. Contudo, agora eu sentia compaixão e empatia por ela.

Em um instante, juntei as peças de seu passado: a morte trágica e repentina de sua mãe quando ela tinha 11 anos, o suicídio de seu querido tio e pai adotivo alguns anos depois, seus sentimentos de abandono, culpa, amargura e falta de perdão, que contribuíram para sua doença emocional e mental. Eu podia ver como a sua vida, assim como a minha, havia sido distorcida e deformada por circunstâncias que fugiam ao seu controle. De repente, eu não a odiava mais. Pelo contrário, sentia pena dela.

Entrar em contato com o coração de Deus em favor de minha mãe fez brotar um perdão tão grande em mim que, quando ela morreu alguns anos depois, eu não tinha nenhum sentimento ruim contra ela. Na verdade, quanto mais eu a perdoava, mais o Senhor trazia à minha mente boas lembranças. Fiquei surpresa por ver que havia alguma!

O perdão leva à vida. A falta de perdão é morte lenta. O perdão é contínuo porque, uma vez que lida com o passado, transgressões constantes ocorrem no presente. Ninguém passa por isso sem ter o orgulho ferido ou sem ser manipulado, ofendido ou machucado por alguém. Toda vez que isso acontece, quando esse sentimento não é confessado, perdoado e tratado diante do Senhor, deixa uma cicatriz na alma. Além disso, a falta de perdão também separa você das pessoas que ama. Elas sentem o espírito de falta de perdão, ainda que não possam identificá-lo, e isso as deixa pouco à vontade e distantes.

Talvez você esteja pensando: "Não preciso me preocupar porque não tenho ninguém a quem deva perdoar". Mas perdão também implica deixar de criticar os outros, lembrar que as pessoas, muitas vezes, são como são porque a vida as moldou desse jeito. É lembrar que só Deus conhece toda a história e, por conseguinte, não temos o direito de julgar. Estar acorrentado pela falta de perdão o impede de receber a cura, a alegria e a restauração. Estar liberto para receber tudo o que Deus reservou para você, hoje e amanhã, significa desprender-se de tudo o que aconteceu no passado. Significa fazer uma oração de libertação.

⚘ A oração de libertação o livra de culpar Deus

Meu marido e eu temos um amigo talentoso em muitos sentidos, mas que excluiu Deus de sua vida, culpando-o por um acidente de carro em que sua irmã morreu e ele se feriu gravemente a ponto de encerrar uma promissora carreira nos esportes. Anos depois do acidente, ele ainda pergunta, com amargura, por que Deus não impediu o desastre. A verdade é que o acidente nunca fez parte do plano de Deus. Foi o diabo que veio para destruir; a morte faz parte do plano dele. Nosso amigo é um homem bom, mas está dolorosamente frustrado e insatisfeito porque tem impedido Deus de operar poderosamente em sua vida.

Culpar Deus é muito mais comum do que a maioria de nós deseja admitir, principalmente no caso daqueles que foram abusados, desprezados ou profundamente desapontados por figuras de autoridade. A tendência é pensar subconscientemente em Deus como aquele pai, avô, professor ou chefe abusivo, projetando nele atitudes e comportamentos que nada têm a ver com quem ele realmente é.

Também culpamos Deus por qualquer coisa negativa dita por nossos pais sobre nós. Achamos que Deus deve ter nos criado como eles dizem que somos, e nos perguntamos por que ele foi tão descuidado. Também projetamos as imperfeições humanas em Deus, culpando-o, por exemplo, se nossos pais não nos quiseram ou nos amaram.

A mentira em que acreditamos quando o culpamos é que "Deus poderia ter impedido isso de acontecer. Poderia ter feito as coisas diferentes". A verdade é que Deus nos deu o livre-arbítrio e ele não o violará. Consequentemente, fazemos escolhas e muitas vezes as coisas são como são em razão delas. Deus também nos dá limitações para nossa proteção. Se quisermos violar essa ordem, deixando nossas circunstâncias à própria sorte ou à obra do inimigo, criamos destruição.

Culpar Deus é uma atitude que nos deixa sem opção. Colocamo-nos em um beco sem saída, em vez de reconhecê-lo como o único meio de escape. Culpar Deus produz uma raiva inapropriada, que, se canalizada no interior, nos deixará doentes, frustrados e insatisfeitos, se no exterior, nos levará a odiar o cônjuge, abusar de um filho, tratar um amigo de maneira grosseira, não cooperar com um colega de trabalho ou dar coices em estranhos.

Para deixar de culpar Deus, precisamos saber como ele realmente é. Podemos descobrir isso quando olhamos para Jesus, que disse: "Quem me vê, vê o Pai" (João 14:9). A menos que deixemos Jesus penetrar realmente em cada parte de nossa vida, não saberemos, de fato, como é Deus.

Quando você realmente conhece Jesus, vê que Deus Pai é fiel e compassivo. O amor dele é ilimitado e inesgotável. Deus não despreza, não abusa, não se esquece ou se engana. Ele nunca decepcionará ou será imperfeito. Quando entendemos quem Deus realmente é e deixamos de culpá-lo, encontramos paz e segurança.

Se você está furioso com Deus, então precisa conhecê-lo melhor, porque há muita coisa que você não entende. O melhor a fazer é ser honesto com ele. Você não ferirá seus sentimentos — Deus já sabia disso desde o começo. Ore, dizendo: "Pai, fiquei louco contigo por causa desta situação em particular (seja específico). Odiei o que houve e te culpei por isso. Por favor, perdoa-me e ajuda-me a me libertar. Leva embora minhas falsas concepções a teu respeito e auxilia-me a te conhecer melhor".

O oposto de culpar Deus é confiar nele. Decida agora em quem confiar. Você não pode seguir em direção ao que Deus destinou para você se mantiver qualquer amargura e culpa indevida em seu coração. Se ficou furioso com Deus, diga: "Deus, fiquei louco contigo desde que meu irmão morreu naquele acidente"; "Deus, fiquei louco contigo desde que meu bebê morreu"; "Deus, fiquei louco contigo por não ter conseguido o trabalho pelo qual orei". Seja honesto. Você não ferirá o ego de Deus. Libere a mágoa e se permita chorar. As lágrimas libertam e curam. Faça uma oração de libertação: "Senhor, confesso minha mágoa, minha raiva e minha dureza de coração para contigo. Não guardo mais essa ofensa contra ti".

Aqui estão sete versículos para lembrá-lo da bondade de Deus. Você pode incluí-los em sua oração de libertação:

- Como são felizes todos os que nele se refugiam! (Salmo 2:12)
- Ele liberta os pobres que pedem socorro. (Salmo 72:12)
- Os que buscam o Senhor de nada têm falta. (Salmo 34:10)
- Tu és o meu socorro e o meu libertador. (Salmo 70:5)
- Transformarei as trevas em luz diante deles e tornarei retos os lugares acidentados. (Isaías 42:16)

- Não se pode nem pensar que Deus faça o mal, que o Todo-poderoso perverta a justiça. (Jó 34:12)
- O Senhor me livrará de toda obra maligna e me levará a salvo para o seu Reino celestial. (2Timóteo 4:18)

❀ A oração de libertação o ajuda a perdoar os outros

Abuso é todo tratamento desagradável que diminui o valor próprio — abuso verbal, negligência, falta de amor visível —, além de espancamentos e assédios. Se uma criança não consegue perceber a aceitação dos pais, ela cresce com uma fome autodestrutiva de amor, que não pode ser satisfeita por nenhum ser humano. As necessidades não supridas na infância serão igualmente fortes na fase adulta, mas habilmente camufladas.

Se você foi abusado quando criança, não se engane dizendo: "Nasci de novo; não deveria sentir mais essa mágoa. Deve haver algo errado comigo". O fato de você ainda sentir mágoa não nega sua condição de nascido de novo ou o, nem o torna menos espiritual. Uma vez que as pessoas têm a tendência de ver Deus como viam os pais, é preciso um tempo de cura e libertação, de conhecimento do amor de Deus antes de haver confiança total.

Perdoar os pais é uma grande parte do processo de cura (e crucial para evitar a armadilha de abusar dos próprios filhos). Você tem de perdoar seu pai, que nunca o protegeu, sua mãe, que o maltratou e insultou, seu padrasto, que não o amou, seu avô ou tio, que o molestou sexualmente, seu pai ou sua mãe, que nunca esteve presente ou deixou você à mercê da morte ou do abandono, seus pais fracos, que o afastaram emocionalmente, seus pais egoístas, que o fizeram se lembrar de que nunca foi desejado, ou deficientes emocionalmente, que não souberam educá-lo.

Essas experiências amargas e dolorosas continuarão a machucá-lo se você não lamentar sua dor diante do Senhor, colocar todo o sofrimento e amargura nas mãos dele, pedindo-o para ajudá-lo a perdoar. Você não só se machucará se não perdoar, mas, pior ainda, poderá machucar seus próprios filhos. Por amor a eles, se não a você mesmo, é necessário se desprender completamente do passado.

Ver seu pai ou sua mãe como a criança não amada, mal tratada ou traumatizada que eles talvez tenham sido pode ajudá-lo a perdoar. Contudo, a maioria das pessoas sabe pouco sobre as origens dos pais. Grande parte dos incidentes, principalmente os ruins, raramente é discutida, mesmo por outro parente. Quando você entende que seu pai ou sua mãe não teve a intenção de lhe negar amor e que, na verdade, nunca o teve para dar, é mais fácil desculpar. Às vezes, o que eles não fizeram magoa tanto quanto o que pais abusivos possam ter feito. A falta de envolvimento ou de disposição de um pai ou de uma mãe de intervir e socorrer parece traição. É mais difícil reconhecer a falta de perdão em um caso como esse, todavia é mais comum do que pensamos.

Peça para Deus mostrar qualquer sentimento de falta de perdão por seu pai ou sua mãe que não veio em seu socorro. Se houver, você terá de lidar honestamente com isso.

Todos precisamos de pais que nos amem, nos incentivem, nos eduquem, sejam afetuosos, acreditem que existem coisas boas em nós e estejam interessados no que fazemos. Aqueles de nós que não tiveram pais assim têm necessidades que somente Deus pode suprir. Não podemos voltar no tempo e encontrar alguém para nos abraçar e nos criar, e não devemos exigir isso de nosso cônjuge ou amigos, porque eles não podem fazê-lo. Isso tem de vir do nosso Pai celestial. Deus é a nossa única esperança para restaurar relacionamentos arruinados. Fazer uma oração para a mágoa ser perdoada e louvar a Deus pela transformação que ele fará são caminhos para a restauração. Em momentos de fraqueza, quando a vida parece fora de controle, escolha se colocar sob o controle de Deus. Entregue a ele, de forma plena e honesta, suas fraquezas, para que ele possa transformá-las em força de Deus. Ele é um Deus de restauração e redenção, por isso pode remir tudo o que ocorreu em seu passado. Ele pode fechar a brecha entre você e seus filhos, ou pais, ou amigos. A restauração não acontece da noite para o dia, mas a redenção pode acontecer. Deixe Deus operar em sua situação, para que ela possa ser revertida e colocada na direção certa.

❀A oração de libertação é uma escada para a perfeição

Se você não consegue perdoar outra pessoa, não significa que não será salvo, tampouco que não irá para o céu. Mas significa que você pode não ter tudo o que Deus lhe reservou e que não ficará livre da dor emocional.

O primeiro passo para perdoar é receber o perdão de Deus e deixar a realidade desse perdão penetrar a parte mais profunda de seu ser. Quando percebemos o quanto fomos perdoados, é mais fácil entender que não temos direito de julgar uns aos outros. Sermos perdoados e libertados de tudo o que fizemos é um presente bastante milagroso. Como poderíamos nos recusar a obedecer a Deus quando ele nos pede para perdoar os outros como nos perdoou? Fácil! Focamos nossos pensamentos na pessoa que nos ofendeu, não em Deus que endireitou todas as coisas.

O perdão não faz a outra pessoa estar certa; faz com que você seja livre. Ele é uma rua de duas mãos: Deus perdoa você, que, por sua vez, perdoa os outros. Você é perdoado rápida e completamente quando confessa seu pecado a Deus. Da mesma forma, você deve perdoar os outros rápida e completamente, quer eles admitam ou não a falha que cometeram. Na maior parte do tempo, as pessoas não sentem que fizeram algo errado, e, se sentem, elas certamente não querem admiti-lo. Por isso é que devemos, em oração, colocar essa pessoa, a situação e a mágoa nas mãos de Deus.

Perdão é uma escolha que fazemos. Fundamentamos nossa decisão não no que temos vontade de fazer, mas no que sabemos ser o certo. Eu não tinha vontade de perdoar minha mãe. Em vez disso, optei por perdoá-la porque a Palavra de Deus diz: "Perdoem, e serão perdoados" (Lucas 6:37). Esse versículo também diz que não devemos julgar se não quisermos ser julgados. Em vez disso, devemos entregar as pessoas e as circunstâncias a Deus e deixar que ele seja o juiz.

Há duas razões — uma espiritual e uma psicológica — para perdoarmos. A razão espiritual é que desejamos obedecer a Deus, e ele nos disse para perdoarmos os outros como ele nos perdoou: "Sejam bondosos e compassivos uns para com os outros, perdoando-se mutuamente, assim como Deus os perdoou em Cristo" (Efésios 4:32). Quando perdoamos aqueles que nos magoaram, restauramos o mérito e o valor que Deus lhes deu — não porque mereçam, mas porque Deus já fez o mesmo por nós.

A razão psicológica para perdoarmos é nos livrarmos da dor e da vitimização que nos infligiram. Quando perdoamos, escolhemos não deixar mais o pecado das outras pessoas ditar nosso modo de sentir ou nossos atos. O perdão nos dá a liberdade para levarmos nossa vida como Deus realmente intentou.

Para mim, foi difícil entender que Deus ama minha mãe, e a todas as pessoas, do mesmo modo que ele me ama. O mais importante é lembrar que o perdão não faz a outra pessoa estar certa; mas faz você ser livre. A melhor maneira de transformar a raiva, a amargura, o ódio e o ressentimento em amor é orar por essa pessoa. Deus amolece seu coração quando você tenta ser íntegro e traz perfeição para sua vida.

Momento de reflexão e oração

1. O que é perdão para você? Seu conceito é o mesmo de Deus?

   ....
   ....
   ....
   ....

2. Há alguém na sua vida que você ainda não conseguiu perdoar?

   ....
   ....
   ....

3. Você já culpou Deus, mesmo que só em pensamento, por alguma coisa ruim que lhe aconteceu?

   ....
   ....
   ....

4. Você já foi perdoado(a) por alguém? Qual foi seu sentimento na ocasião?

   ....
   ....
   ....
   ....

5. O que impede você de viver a total libertação em Deus?

   ....
   ....
   ....
   ....

6. Confesse seus sentimentos de culpa e diga em voz alta: "Deus, eu confio totalmente em ti. Ajude-me a perdoar o meu próximo assim como o Senhor já me perdoou".

   ....
   ....
   ....
   ....

quatro

Oração de submissão

*Mostra-me, Senhor, os teus caminhos,
ensina-me as tuas veredas. (Salmo 25:4)*

Oração de submissão

QUANDO RECEBI JESUS EM meu coração, eu lhe mostrei o quarto de hóspedes. O problema foi que ele não gostou de ficar ali, e continuou a bater em uma porta após a outra até que me vi abrindo salas que sequer sabia que existiam. Ele expôs todo canto escuro de cada cômodo à sua luz purificadora. Logo percebi que seu intuito era que eu o reconhecesse como Senhor sobre cada área de minha vida.

Uma dessas salas de meu coração era o problema de ter filhos. Casei-me com Michael cerca de três anos depois de ter aceitado Jesus e, como estavam acontecendo muitas coisas em nossa vida naquela época, nunca discutimos a questão. Eu tinha um milhão de razões para não querer um filho, e uma delas era o medo de perpetuar minha própria criação defeituosa. Eu não podia suportar a ideia de me ver destruir uma vida inocente. Conforme Deus batia em uma porta após a outra — finanças, casamento, atitudes, aparência, amizades —, eu me abria para o seu senhorio. Contudo, não dei ouvidos quando ele bateu implacavelmente à porta da maternidade, trancada por meu egoísmo e medo. No entanto, as batidas persistiram, desafiando minha oração diária que dizia: "Jesus, peço-te que sejas Senhor sobre cada área de minha vida".

Certa manhã, cerca de um ano depois de nosso casamento, amigos nos pararam em frente à igreja para mostrar o filho recém-nascido. Quando o segurei por alguns minutos, tive uma visão na qual segurava meu próprio filho. Mais tarde, na igreja, refleti sobre isso, e a possibilidade de ser mãe, de repente, pareceu boa.

"Tudo bem, Senhor", pensei, "se realmente for para termos um filho, que eu ouça algo de Michael". Então tirei aquilo da cabeça.

Naquela mesma tarde, Michael virou-se para mim e disse:

— Aquele bebê que você estava segurando nesta manhã, na frente da igreja, era tão fofo. Por que não temos nosso próprio filho?

— O quê? — perguntei descrente. — Você está falando sério?

— É claro. Por que não? Não é o que as pessoas fazem? — perguntou ele.

— Sim, mas você nunca tinha tocado no assunto.

Lembrando-me de minha rápida oração, orei em silêncio: "Senhor, às vezes é assustador como tu podes trabalhar rápido. Que tua perfeita vontade seja feita em minha vida".

Mesmo ainda receosa e apreensiva, eu sabia que havia chegado o tempo em que Deus traria vida a um lugar em mim que morrera há anos. Senti que deixá-lo ser Senhor sobre essa área era uma parte importante na redenção do que havia se perdido na minha vida.

Quando você convida Jesus para entrar na casa de seu ser (tendo nascido de novo), também deve entregar-lhe a direção da residência (tornando-o Senhor sobre sua vida). No entanto, muitos custam a fazer isso de modo completo.

Quer admitamos ou não, hesitamos acreditar que podemos confiar a Deus cada área de nossa vida.

A Bíblia diz:

> Confie no Senhor de *todo* o seu coração e não se apoie em seu próprio entendimento; Reconheça o Senhor em *todos* os seus caminhos, E ele endireitará as suas veredas. (Provérbios 3:5,6, ênfase da autora)

Observe o termo "todo(s)". É muito específico. Se quisermos que as coisas deem certo, temos de reconhecê-lo como Senhor. Tive de estar disposta a dar a Deus o controle das coisas, dizendo com frequência: "Jesus, peço-te que tu sejas Senhor sobre cada área de minha vida". Então, quando ele apontava lugares onde eu não havia aberto a porta para o seu governo, eu o deixava entrar.

❈ A oração de submissão traz os benefícios de Deus

Algumas pessoas dão a Deus total acesso à casa de seu ser no mesmo instante. Outras o deixam em pé à porta por tempo indeterminado. Muitas fazem o que fiz e o deixam ganhar acesso aos poucos. Quando ele bater em diferentes portas no seu íntimo, saiba que nunca irá forçar a entrada e derrubar as paredes. Ele só baterá com insistência e calma, e, quando for convidado, entrará para ocupar, com delicadeza, cada canto de sua vida para limpá-lo e reconstruí-lo.

Ele lhe deu uma escolha: Você irá optar por se abrir e compartilhar cada parte de seu ser, deixando-o reinar em sua vida? Esta é a oração de submissão à vontade de Deus. Ele não impõe obediência e submissão. Muitas vezes, gostaríamos que o fizesse porque seria mais fácil, mas ele nos dá a escolha. Tive de pedir-lhe para me ensinar a ser obediente por amor e pelo desejo de servir àquele que fez tanto por mim. Se quiser os mesmos benefícios, você precisa fazer a mesma coisa.

É útil entender que o Senhor está do seu lado e que o chamado a uma submissão obediente não objetiva fazer você se sentir um fracasso incorrigível caso não faça tudo certo. Saber que Deus lhe pede para viver de certo modo para seu próprio benefício (porque ele sabe que sua vida só dará certo quando vivida de acordo com as condições dele) irá ajudá-lo a desejar conhecer os caminhos de Deus e a viver neles. Você começa o processo quando se dispõe a dizer: "Deus, não quero nada que me separe de tua presença e amor. Realmente tenho um coração que deseja se submeter e obedecer. Por favor, mostra-me onde não estou vivendo em obediência e ajuda-me a fazer o que preciso para ser submisso a ti".

No minuto em que damos um passo de obediência, Deus dá oportunidades para uma nova vida.

❈ A oração de submissão traz descanso

Descanso é uma "âncora da alma" (Hebreus 6:19) que nos impede de ser lançados no mar da circunstância. Não se trata apenas do sentimento de bem-estar nas férias, tampouco da sensação de relaxamento depois de um sono profundo à noite; o verdadeiro descanso é um lugar, dentro de nós, onde podemos ficar tranquilos e saber que ele é Deus, independentemente do que estiver acontecendo à nossa volta.

Jesus diz: "Venham a mim todos os que estão cansados e sobrecarregados e eu lhes darei descanso" (Mateus 11:28). Ele nos instrui a não deixar o nosso coração perturbado, mas resistir a isso quando decidimos descansar em uma tranquila submissão a ele e à sua vontade. Devemos dizer: "Deus, escolho, neste dia, entrar no descanso que tens para mim. Mostra-me como fazer isso". E, quando conseguimos, Deus revela tudo o que está no nosso caminho. Descansar é "[lançar] sobre ele toda a sua ansiedade, porque ele tem cuidado de [você]" (1Pedro 5:7) e aprender a adaptar-se a toda e qualquer circunstância (Filipenses 4:11) — não necessariamente se alegrar com as situações, mas ser capaz de dizer: "Deus está no controle. Orei por isso. Ele conhece a minha necessidade. Que eu saiba, estou obedecendo em submissão. Posso descansar".

Quando nosso coração se afasta do modo como sabemos que Deus intentou que vivêssemos, perdemos nosso lugar de descanso. Quando oramos e vivemos segundo a oração de submissão e tranquila confiança, encontramos o presente do descanso de Deus.

❈ A oração de submissão libera nossos sonhos

Eu sempre quis uma carreira de sucesso na área do entretenimento. A simples menção disso agora parece embaraçosamente superficial, mas era uma grande motivação na época. Eu desejava ser famosa e respeitada, sem considerar que talvez não tivesse o necessário para chegar lá. Depois de receber o Senhor e estar casada havia alguns meses, Deus convenceu meu coração de que eu não apareceria mais na televisão ou em comerciais. Eu não sabia ao certo o motivo, mas entendia que não era bom para mim. Todas as vezes que meu agente me propunha uma entrevista, pela qual eu teria morrido antes, eu sentia uma sensação vazia, desconfortável, semelhante à morte. Uma vez que a paz de Deus não me permitia aceitar, eu recusava todos os trabalhos oferecidos. Devemos estar dispostos a dar a Deus a direção total de nossa vida.

Sim, Deus, não farei aquele comercial. Sim, Deus, não aceitarei outro programa de televisão. Sim, Deus, não cantarei mais em clubes. Sim, Deus, deixarei a agência.

Aos poucos, todos os meus trabalhos acabaram. Deus fechou todas as portas e me pediu para deixar de bater naquelas que não faziam parte de seu plano. A experiência foi assustadora, mas, ao olhar para trás, vejo agora claramente as razões. Atuar era uma forma de me idolatrar. Meu intuito era unicamente a atenção e a aceitação, não o amor por meu trabalho. Minha identidade estava totalmente dissimulada pelo que eu fazia. Para mudar isso, Deus precisou levar embora os meios que me ajudavam a definir quem eu pensava ser para que eu pudesse estabelecer minha identidade em Jesus. Ele sabia que eu não poderia ser curada de meus profundos sentimentos de inferioridade colocando-me diariamente na posição de ser julgada por padrões superficiais.

A parte que não queremos ouvir é que chega um momento quando cada um deve colocar seus desejos e sonhos nas mãos de Deus para ser libertado daqueles que não estão de acordo com a vontade dele. Em outras palavras, você assegura seu futuro ao deixar que seu sonho morra e o plano de Deus o substitua. Se você sempre fez uma imagem do que deveria fazer, tem de estar disposto a deixa-la ser destruída. É uma questão de submeter seus desejos à vontade de Deus. Se eles estiverem de acordo com o plano dele, Deus irá apoiá-lo e ajudá-lo a fazer muito mais. Se não estiverem, você ficará frustrado enquanto se apegar a isso. Muitas vezes, os desejos de seu coração são os mesmos do de Deus, mas eles devem ser realizados pela submissão ao modo de Deus, não ao seu; e você deve saber que Deus os está realizando em você, não você realizando-os em si mesmo.

Deus quer que paremos de nos apegar aos nossos sonhos e comecemos a nos apegar a ele, para sermos capacitados a estar acima de nós mesmos e de nossas próprias limitações. Sempre que abrimos mão do que desejamos, Deus traz tudo de volta para nós em outra dimensão.

> Quem quiser salvar a sua vida, a perderá;
> mas quem perder a sua vida por minha
> causa, este a salvará. (Lucas 9:24)

❋ A oração de submissão traz realização

Quantas vezes pedimos a Deus para nos dar o que desejamos, mas não desejamos dar a Deus o que ele quer? Daí, perdemos o que mais almejamos — completude, paz, realização e alegria — porque não somos obedientes e submissos.

Muitas vezes, não somos obedientes porque não entendemos que Deus estabeleceu certas regras para nos proteger e garantir nosso bem. Ele nos intentou e sabe o que mais nos satisfaz. Até os Dez Mandamentos não foram dados para instilar culpa, mas como um guarda-chuva de proteção contra a chuva do mal. Se optarmos por viver fora da esfera de bênção, sofremos as consequências. A confusão e a escuridão espiritual, então, acessam nossa vida e somos privados do que Deus tem de melhor.

Quando obedecemos em submissão à vontade dele, a vida tem simplicidade, clareza e bênção sem limite. Precisamos das leis de Deus porque não sabemos fazer a vida funcionar sem elas.

A lei foi dada no Antigo Testamento para nos mostrar que não podemos, talvez, cumpri-la só com a disposição humana, mas devemos depender de Deus. Precisamos de seu poder para escapar da síndrome da morte que nos cerca. A Bíblia diz que foi dada a Noé uma nova lei porque ele fez tudo o que Deus lhe pediu (Gênesis 6:22). O termo "tudo" parece assustador quando se trata de obediência porque nos conhecemos bem o suficiente para duvidar que possamos fazer tudo. E a verdade é que realmente não podemos. Mas temos como dar passos na direção certa e ver Deus realizar isso em nós enquanto nos rendemos em submissão a ele.

❈ A oração de submissão traz uma grande recompensa

"Quando chegarei ao ponto de não mais me magoar por dentro?", perguntei para Deus, um dia, em oração. Mesmo tendo sido libertada da depressão e minha vida se tornado muito mais estável do que era, eu ainda vivia uma montanha-russa emocional. Naquela época, minhas perguntas para Deus não paravam. Quando deixarei de me sentir um fracasso? Quando não serei devastada pelo que as outras pessoas dizem? Quando deixarei de ver indício de azar na minha vida como o fim do mundo?

Enquanto eu lia a Bíblia em uma manhã, meus olhos caíram sobre as palavras: "Por que vocês me chamam 'Senhor,

Senhor' e não fazem o que eu digo?" (Lucas 6:46). A passagem continuou a explicar que qualquer pessoa que ouve as palavras do Senhor e não as coloca em prática está construindo uma casa sem alicerce. Quando vier a tempestade, a casa cairá e será completamente destruída.

"Será que estou sendo levada e destruída pelo vento da circunstância em meu caminho porque não faço o que o Senhor diz para eu fazer em alguma área?", eu me perguntava. Eu sabia que estava edificando minha casa sobre rocha firme (Jesus) e vinha estabelecendo um robusto fundamento (na Palavra, na oração, no louvor, na confissão e no contínuo perdão), mas parecia que esse fundamento só poderia ser equilibrado e protegido por meio da obediência. Quando obedecemos a vontade de Deus, a vida tem simplicidade e clareza.

Examinei a Bíblia à procura de mais informações e em cada passagem com o qual me deparava lia mais sobre a recompensa da obediência a Deus:

- "Felizes são aqueles que ouvem a palavra de Deus e lhe obedecem" (Lucas 11:28)
- "[O Senhor] não recusa nenhum bem aos que vivem com integridade" (Salmo 84:11)
- "Prestem atenção! Hoje estou pondo diante de vocês a bênção e a maldição. Vocês terão bênção se obedecerem aos mandamentos do Senhor, o seu Deus, que hoje lhes estou dando" (Deuteronômio 11:26,27)

Mesmo que não ame o modo como vivemos, Deus ainda nos ama.

Quanto mais eu lia, mais eu via a ligação entre a obediência e a presença de Deus. "Se alguém me ama, obedecerá à minha palavra. Meu Pai o amará, nós viremos a ele e faremos morada nele" (João 14:23).

Neste momento, eu já estava convencida de que só encontraria completude e restauração na presença de Deus; por isso, a promessa de que minha obediência abriria a porta para a morada de Deus em mim era impressionante.

Eu também via uma conexão clara entre obediência e amor de Deus. "Se alguém obedece à sua palavra, nele verdadeiramente o amor de Deus está aperfeiçoado" (1 João 2:5). Segundo a Bíblia, Deus não deixa de nos amar se não o obedecermos. Mesmo que não ame o modo como vivemos, ele ainda nos ama. Mas somos incapazes de sentir ou desfrutar plenamente desse amor se não vivermos como Deus pretendia, em total submissão à sua Palavra e à sua vontade.

Momento de reflexão e oração

1. Há alguma porta em sua vida que você ainda não abriu para Deus?

   ....
   ....
   ....
   ....

2. Peça para Deus sondar seu coração e mostrar quais portas ainda não foram abertas.

   ....
   ....
   ....
   ....

3. O que tem impedido você de se submeter totalmente a Deus?

   ....
   ....
   ....

4. Você sente que Deus tem liberado seus sonhos e sentimento de realização, assim como as recompensas prometidas para seus filhos?

   ....
   ....
   ....

5. Escreva sua declaração de submissão total a Deus.

   ....
   ....
   ....
   ....

6. Peça a Deus com convicção que lhe dê descanso sobre cada um dos pontos levantados.

   ....
   ....
   ....
   ....

cinco

Oração de louvor

*Do nascente ao poente, seja louvado
o nome do Senhor! (Salmo 113:3)*

Oração de louvor

EU COSTUMAVA ENTRAR ÀS pressas na igreja vinte minutos atrasada no domingo de manhã. Quando encontrava um assento e me acomodava, o momento de adoração e louvor já havia acabado e o pastor estava pregando. Eu não me preocupava com isso porque estava lá para aprender. Contudo, minha mente vagava e não se concentrava na mensagem antes de o pastor estar na metade do sermão.

Nos dias em que eu chegava com tempo de sobra para conseguir um lugar antes do início do culto e participar plenamente de todo o período de adoração, eu descobria que estava aberta para receber a mensagem, como se Deus estivesse falando diretamente comigo. Meu coração amolecia e ficava receptivo ao que o Espírito Santo queria ensinar por causa dos vinte ou trinta minutos que eu havia passado louvando a Deus. As atitudes negativas com as quais eu tinha me deparado desapareciam e eram substituídas por atitudes mais alinhadas ao que Deus desejava. Eu tinha me preparado e me aberto para receber de Deus.

A adoração é um convite à presença de Deus; é nela que acontece a libertação. Dois homens na prisão cantavam louvores a Deus quando, de repente, as portas se abriram e suas correntes caíram (Atos 16:26). Na esfera espiritual, quando louvamos ao Senhor, as portas da prisão de nossa vida são abertas, nossos laços quebrados e somos libertados. Louvar a Deus deixa você aberto para experimentar o amor dele, e isso o libertará.

❈ A oração de louvor traz cura e transformação

Quanto mais tempo passarmos louvando ao Senhor, mais veremos a nós mesmos e as nossas circunstâncias se tornando perfeitos. Isso acontece porque o louvor amolece o nosso coração e o torna flexível. Ele também nos cobre de proteção. Quanto mais a flexibilidade e a cobertura forem mantidas, mais rápido nosso coração pode ser moldado e curado.

O louvor e a adoração a Deus são sempre atos da vontade. Temos de querer louvar a Deus mesmo sem ela. Às vezes, nossos problemas ou os fardos que carregamos sufocam nossas boas intenções, por isso é necessário um esforço para estabelecer o louvor como um modo de vida; isso ocorre quando fazemos dele nossa primeira reação ao que enfrentamos, não o último recurso. Agora é tempo de você fazer uma oração de louvor a Deus por tudo o que há em sua vida. Agradeça-lhe por sua Palavra, sua fidelidade, seu amor, sua graça, sua cura; pelo que ele tem feito para você em termos pessoais. Lembre-se de que tudo o que você agradecer— paz, bênção financeira, saúde, novo emprego, fim da depressão — dará início ao processo de liberação dessas coisas a você.

No Antigo Testamento, as pessoas que carregavam a Arca da Aliança paravam a cada seis passos para adorar. Temos também de lembrar que não devemos ir muito longe sem louvar e adorar. Para obter restauração e cura emocional, precisamos ser pessoas que, a cada seis passos, param e convidam o Senhor continuamente para reinar na situação.

❈ A oração de louvor nos alinha aos propósitos de Deus

Sem louvor, experimentamos uma erosão que leva à escravidão e à morte. A Bíblia diz: "Tendo conhecido a Deus, não o glorificaram como Deus, nem lhe renderam graças, mas os seus pensamentos tornaram-se fúteis e o coração insensato deles obscureceu-se" (Romanos 1:21). Com louvor, você e suas circunstâncias podem ser transformados, pois isso dá, a Deus, acesso a cada área de sua vida e permite que ele se entronize ali.

Assim, sempre que lutar contra emoções negativas, como raiva, falta de perdão, medo, mágoa, opressão, depressão, ódio de si mesmo ou desvalorização, agradeça a Deus, porque ele é maior do que tudo isso. Agradeça porque os planos e propósitos de Deus para você são bons; porque, em qualquer área de fraqueza de sua vida, ele será forte; porque ele veio para restaurá-lo. Lembre-se dos nomes do Senhor e use-os em sua oração: "Eu te louvo, Senhor, porque tu és o meu Libertador e Redentor"; "obrigado, Deus, porque tu és o meu Médico e Provedor".

Uma vez que você se alinha aos propósitos de Deus por meio do louvor, pode declarar coisas que ainda não podem ser vistas como se elas já existissem em sua vida. "Senhor, não tenho como fazer minha cura acontecer, mas tu és todo-poderoso e podes operá-la. Agradeço a ti e te louvo pelo teu poder de cura em minha vida." Fazer isso é sua grande arma contra sentimentos de inadequação, despropósito e futilidade, que podem minar tudo o que Deus criou você para ser. Lembre-se: o louvor nos eleva poderosamente à presença de Deus e nos alinha aos seus propósitos.

❁ A oração de louvor vence críticas

Há outra razão por que a oração de louvor e de ação de graças é tão vital para nossa caminhada com Deus. Ela impede críticas, que, pelo que descobri há muitos anos, não só limitam o que Deus pode fazer em minha vida, mas convidam para que o juízo venha sobre mim.

Deixe-me explicar. Aqueles de nós que foram abusados quando crianças, muitas vezes, crescem e se tornam judiciosos e críticos. Ser destruído quando jovem faz ser atraente a ideia de destruir outra pessoa para nos desenvolvermos. Nos tornamos impiedosos porque não tiveram piedade de nós.

Criticar os outros logo se torna um péssimo hábito, que pode sair pela culatra. Fazer isso constantemente, ainda que só em pensamento, é um convite a um espírito crítico. Quando você tem o espírito de criticar, cada pensamento e palavra sua são influenciados por ele. Por fim, você se torna depreciativo e, depois, totalmente incapaz de sentir alegria. É possível que você esteja lendo a Palavra, orando e obedecendo, mas, por ser crítico, mesmo assim, não tenha paz e felicidade. Criticar circunstâncias ou condições pode ser tão prejudicial quanto criticar pessoas, pois isso o torna um resmungão e "reclamão" — o tipo que os outros normalmente preferem evitar. É difícil encontrar o amor e o apoio de que você precisa quando ninguém quer estar à sua volta.

A misericórdia triunfa sobre o juízo! (Tiago 2:13)

A crítica impede que o amor entre em nosso coração. "Ainda que eu tenha o dom de profecia e saiba todos os mistérios e todo o conhecimento, e tenha uma fé capaz de mover montanhas, se não tiver amor, nada serei" (1Coríntios 13:2). Sem amor em nosso coração, não podemos crescer emocionalmente e sempre estaremos paralisados em nosso processo de cura e desenvolvimento. Mas podemos vencer uma atitude crítica sendo constantemente cheios de amor do Senhor por meio de um louvor piedoso e da ação de graças a ele.

❀ A oração de louvor vence a depressão

A oração de louvor e de ação de graças também pode colocá-lo acima dos sentimentos desesperançados da depressão. Estar deprimido é um sinal de que sua personalidade se voltou para dentro e está focada em si mesma. Um dos passos mais saudáveis que devemos dar é focar-nos em Deus por meio do louvor. Pare tudo o que você estiver fazendo e diga: "Senhor, eu te louvo. Eu te adoro. Eu te dou graças. Eu te glorifico. Eu te amo". Agradecer a Deus por tudo o que você puder pensar é a melhor maneira de deter o rio de autoabuso que passa por sua cabeça.

A Palavra de Deus diz que "o coração ansioso deprime o homem, mas uma palavra bondosa o anima" (Provérbios 12:25). A palavra bondosa que verdadeiramente irá animar seu coração vem do Senhor por meio de sua Palavra. Quando você fizer a oração de louvor e de ação de graças, ore a Palavra de Deus. Encontre versículos das Escrituras que falem de louvor e diga-os em voz alta. Quando você encontrar uma promessa ou palavra de Deus que fale à sua situação, leia-a continuamente em voz alta com ação de graças; por fim, seu espírito e sua alma irão responder à esperança e à verdade da Palavra de Deus.

❀ A oração de louvor vence o medo

Antes de eu receber Jesus, o medo controlava minha vida: medo do fracasso, de um dano físico, de ser emocionalmente machucada, de ficar velha, de não ser alguém na vida. Um espírito de medo dolente, paralisante e capaz de consumir tudo havia se apoderado de mim, trazendo consigo espíritos afins de suicídio, desespero, ansiedade e desesperança. Enquanto eu lutava para não me afogar em temores, minha força se acabou. Aos poucos, meu medo da vida era maior do que o da morte, e o suicídio parecia um agradável alívio. Ouvi muitas vezes que a palavra M-E-D-O significa:

- Mentirosa;
- Evidência;
- De aspecto;
- Original.

O diabo apresenta uma evidência falsa e a faz parecer real. Podemos optar por ouvir as suas mentiras ou crer em Deus. A oração de louvor é sua melhor arma contra o medo, por isso use-a com muita força. Bata palmas, cante e entoe louvores a Deus. Agradeça-lhe por seu grande amor. Quanto mais você fizer isso, mais estará aberto para recebê-lo. O amor de Deus e o medo não podem viver no mesmo coração!

Independentemente do que tenha acontecido no passado ou do que esteja acontecendo no mundo à sua volta, Deus promete protegê-lo enquanto você caminha com ele. Na verdade, ele tem o compromisso de protegê-lo o tempo todo. Não entendemos até que ponto o Senhor nos guarda do mal todos os dias, mas tenho certeza de que é muito mais do que imaginamos. Ele é mais poderoso do que qualquer adversário e promete que, independentemente do que o inimigo traga para a nossa vida, nós triunfaremos.

> No amor não há medo; ao contrário, o
> perfeito amor expulsa o medo, porque o
> medo supõe castigo. (1João 4:18)

O único medo que você deve ter é o temor de Deus, um respeito pela autoridade e poder dele. Temer Deus significa temer o que seria a vida sem ele e agradecer-lhe continuamente porque, por causa do amor dele, você nunca terá de experimentá-la.

❀ A oração de louvor vence o egoísmo

O oposto de se focar no próprio "eu" é focar em Deus. Como essa atitude é contrária ao que o mundo hoje promove, nós, equivocadamente, pensamos que focar em nós mesmos irá contribuir mais para nossa felicidade e realização, quando, na verdade, o oposto é verdadeiro. Apoiar-nos em nós mesmos leva à doença emocional. Em vez de enchermos nossa mente com emoções e anseios, devemos nos encher do Senhor e ser gratos a ele por suprir todas as nossas necessidades melhor do que poderíamos.

O único foco interior que devemos ter é a introspecção sincera para vermos se estamos vivendo e pensando segundo a vontade de Deus. Mesmo assim, isso deve ser feito na presença de Deus, pois ele é o único que pode revelar a verdade de um modo que convença, mas não condene.

Todo o nosso foco deve estar somente em Deus. E a melhor maneira de nos concentrarmos nele é agradecer continuamente por tudo o que ele tem dado, louvando-o pelo que tem feito e adorando-o por tudo o que ele é. É impossível ser egocêntrico ou obcecado por si enquanto se está glorificando e louvando a Deus!

✺ A oração de louvor desenvolve a paciência

Haverá momentos em que suas orações não serão respondidas — pelo menos, não exatamente de acordo com seu cronograma. Manter-se firme depende em grande parte de saber esperar, e aguardar produz paciência. Quando você é paciente, torna-se capaz de assumir o controle de sua própria vida e colocá-la nas mãos de Deus. Ele, então, assume o controle em sua alma, seja noite ou dia. Torna-se Deus para você em cada etapa de sua vida — nos momentos bons e nos maus. E, uma vez que você o conhece dessa forma, transforma-se em inabalável.

Uma vez que não temos escolha, senão esperar, nossa atitude faz muita diferença. A melhor maneira de manter uma boa conduta enquanto aguarda é passar muito tempo em louvor e adoração a Deus. Diga: "Senhor, eu te louvo em meio a esta situação. Confesso recear que minhas orações nunca sejam respondidas. Estou cansado e desanimado de esperar, acho que estou perdendo a força para lutar.

Perdoa-me, Senhor, por não confiar mais em ti. Ajuda-me a ouvir a tua voz e seguir a tua direção. Obrigado por estares no controle total".

A oração de louvor é uma forma de lembrarmos que Deus ouve todas as nossas orações. Mesmo quando achamos que nada vai acontecer, o amor, a cura e a redenção estão sempre ocorrendo no reino de Deus.

❈ A oração de louvor desenvolve a autoestima

Deus criou cada um de nós para ser alguém, e nenhuma vida é acidental ou indesejada aos olhos dele. O Senhor tem dado a cada um de nós um propósito ou chamado distinto. Alta autoestima significa ver-se a si mesmo como Deus o fez, reconhecendo que você é uma pessoa única em quem ele colocou dons, talentos e propósitos específicos, diferentes dos de qualquer outra pessoa. Quando você permite que Deus lhe mostre o que ele pensa a seu respeito e deixa que isso entre — e penetre — em cada fibra de seu ser, tudo o que é acrescentado ou tirado não o faz ganhar ou perder. Aprendi a me valorizar como Deus me valoriza, agradecendo-lhe e louvando-o deliberadamente por qualquer coisa positiva que vejo. "Obrigada, Senhor, por eu estar viva, por ser capaz de andar, falar, ver, preparar uma comida, escrever cartas, por eu ser asseada, amar meus filhos e conhecer Jesus." Enquanto louvamos a Deus por coisas específicas, estamos convidando sua presença a trazer transformação. Ela é o melhor remédio que conheço para quando você acreditar em mentiras sobre si mesmo.

Por exemplo, como a maioria das pessoas que carrega cicatrizes causadas por abuso verbal na primeira infância, eu era hipersensível aos comentários dos outros. Esta é uma característica negativa. Aquele que se magoa facilmente coloca os outros na desconfortável posição de terem de pisar em ovos ou serem responsáveis por magoá-la. Ao louvar a Deus em meio à minha hipersensibilidade, eu lhe permiti transformar essa qualidade negativa em uma positiva: ser sensível a outras pessoas, não a mim mesma.

Quando o diabo tentar enganá-lo com mentiras sobre você mesmo e destruí-lo, ignore os insultos e louve a Deus por quem você é em Deus!

Momento de reflexão e oração

1. Escolha algum hino ou canção que reflita a maneira como você se sente hoje.

   ....
   ....
   ....

2. Explique por que você escolheu esta canção.

   ....
   ....
   ....
   ....
   ....

3. Sobre o que fala essa música? Reflita sobre o conteúdo da letra.

   ....
   ....
   ....

4. De que outras maneiras é possível louvar a Deus?

   ....
   ....
   ....
   ....
   ....

5. Releia este capítulo e complete: A oração de louvor traz cura, alinha ...., vence as críticas, a ...., o ...., o .... e desenvolve a .... e a ....

6. Encerre lendo a letra da música que você escolheu como se fosse uma oração.

seis

Oração de promessa

Não ficou sem cumprimento nem uma de todas as boas promessas que ele fez. (1Reis 8:56)

Oração de promessa

QUANDO EU ERA CANTORA e atriz de televisão, em uma carreira de quase três anos, fui chamada para participar de um musical cristão gravado em estúdio. Eu não era cristã, nem fazia ideia do que isso significava. Minha amiga Terry, uma das melhores cantoras de estúdio em Los Angeles e constante parceira de trabalho, foi responsável pelo contrato do musical, o que incluía a admissão de todos os cantores. Ela sempre fazia a primeira voz e, ao seu lado, eu fazia a segunda.

Em nosso intervalo para o almoço, costumávamos sair com um grande grupo, e eu soube que todos os participantes do musical eram cristãos, menos eu. Eles falavam sobre seu futuro, sendo que o de alguns parecia ainda mais incerto do que o meu. Contudo, nenhum deles temia o futuro como eu. Diziam que Deus tinha um plano para a vida deles e, desde que andassem de acordo com sua vontade, o futuro estava seguro nas mãos dele. Eu nunca havia ouvido falar disso. A cada dia das gravações, sentia-me mais atraída pelo senso de propósito dessas pessoas. "Queria saber se Deus tem um plano para a minha vida", pensava comigo. Isso significaria que eu não precisava fazer a vida acontecer. Após cada sessão, eu refletia sobre isso. E tentava aprender mais com cada um dos cantores em cada intervalo de almoço, sem deixar que eles soubessem por que eu estava interessada. Não queria ninguém me pressionando para ter uma vida de propósitos.

A caminho de casa, depois da sessão do último dia, orei ao Deus deles sem saber sequer se ele poderia me ouvir. "Deus, se tu tens um plano para a minha vida", pedi, "preciso saber o que é e o que fazer a respeito".

Não ouvi resposta alguma. Como suspeitei, esse Deus provavelmente nunca ouviria alguém como eu. Contudo, ao longo dos meses seguintes, muitas coisas aconteceram, e uma delas mudou minha vida para sempre: conheci o Deus sobre o qual Terry e seus amigos falavam. A simples oração, feita no carro, a um Deus que eu nem conhecia foi respondida.

Muitos anos se passaram desde o dia que decidi receber o Senhor. Naquela época, Deus cumpriu suas promessas; ele sempre cumpre. Muitas vezes, não achei que isso fosse acontecer, mas estava errada. É claro que não foi exatamente como eu pensava, tentando direcioná-lo na velocidade do meu desejo. Mas dou graças a Deus por não ter sido da maneira que imaginei. Foi sempre muito melhor. O tempo de Deus foi perfeito e seu modo correto! Tudo o que recebi do Senhor, e mais ainda, eu quero para você. Por isso, incentivo-o a fazer a oração da promessa, que é simplesmente uma oração incluindo palavras das Escrituras. Quando você combina as promessas de Deus às suas orações, coisas poderosas acontecem, pois a Palavra de Deus dá mais peso ao que você diz. Também aumenta a sua fé e o incentiva a crer que terá respostas para as suas orações. Orar as promessas de Deus ajuda-o a orar também de acordo com a vontade dele.

✸ A oração de promessa cria confiança

Certa vez, ouvi um pastor cheio de dons, chamado Jerry Cook, descrever: "Deus nos vê por meio de nosso futuro.

Nós nos vemos a partir de nosso passado". Olhamos para nossos fracassos e o que somos a cada momento. Deus nos olha do modo que ele nos criou para ser. Ele vê o resultado final. Deus aceita-nos assim como somos, mas não vai nos deixar assim. Uma vez que nos ama tanto, vai nos ajudar a nos tornarmos tudo o que ele nos criou para ser. Se algo em nós precisa ser transformado, ele nos transforma à medida que nos entregamos a ele.

Deus não espera que sejamos perfeitos naquilo que fazemos, mas perfeitos no coração. Precisamos saber que ele já nos enxerga dessa forma quando sonda o nosso coração e vê Jesus ali. Não entender isso pode nos levar sempre a tentar alcançar o inatingível e, por fim, desistir por achar que nunca poderemos ser tudo o que "deveríamos".

Em nossa carne, nos esforçamos para ter sucesso. Achamos que merecemos algo só quando vencemos, não quando perdemos. O que exigimos de nós é sempre limitado pela camada externa. A perfeição humana só chega a isso. Mas Deus diz que ele quer fazer de você algo superior à sua excelência humana. Você chegará ao nível e ao grau de sentir o amor de Deus em sua vida.

Quando olhar no espelho e vir a excelência de Jesus refletida em você, terá a noção de seu verdadeiro valor. Não permanecemos firmes em nossa força; mas no poder de Deus.

Completude e restauração total faziam parte do plano de Deus para sua vida desde o começo, e você deve viver confiante nisso. Ele disse muitas coisas maravilhosas sobre você em sua Palavra e, ao orar essas promessas, ao se colocar na perfeição de Deus, você estará se lembrando da verdade sobre si mesmo.

❈ Sete coisas que Deus diz ser sempre verdade sobre você

Colocá-las como uma oração de promessa criará confiança em seu coração:

1. *Sou filho de Deus e minha herança vem dele.*

   "Contudo, aos que o receberam, aos que creram em seu nome, deu-lhes o direito de se tornarem filhos de Deus." (João 1:12)

2. *Tenho um propósito especial ordenado por Deus.*

   "Olho nenhum viu, ouvido nenhum ouviu, mente nenhuma imaginou o que Deus preparou para aqueles que o amam." (1Coríntios 2:9)

3. *Fui criado com um chamado específico.*

   "Cada um deve permanecer diante de Deus na condição em que foi chamado." (1Coríntios 7:24)

4. *Nunca estou sozinho.*

   "Eu estarei sempre com vocês, até o fim dos tempos." (Mateus 28:20)

5. *Nunca sou esquecido.*

   "Deus não rejeitou o seu povo, o qual de antemão conheceu." (Romanos 11:2)

6. *Sou amado.*

   "Como o Pai me amou, assim eu os amei." (João 15:9)

7. *Sou um vencedor.*

   "Em todas estas coisas somos mais que vencedores, por meio daquele que nos amou." (Romanos 8:37)

Quando você orar, agradeça a Deus pelas coisas boas que ele diz a seu respeito. Isso irá ajudá-lo a acreditar nelas!

❊ A oração de promessa traz maturidade

Uma das últimas vezes que vi Mary Anne, minha conselheira cristã, antes de ela se mudar, foi quando a procurei por causa de um problema do qual sequer lembro os detalhes agora. O que realmente me recordo foi de seu sábio conselho, que se resume em uma única palavra:

— Cresça — ela disse com amor.

— O quê? — perguntei.

— É hora de crescer, Stormie — ela repetiu com sua voz paciente. Quando, durante anos, minha mãe gritava essas palavras era como uma surra. Quando Mary Anne as disse, foi como o Espírito Santo falando.

— Cresça? — repeti, esperando ela me dar um pouco mais de informação.

— Sim, Stormie. Você precisa ficar a sós com o Senhor e fazer-lhe as perguntas que está me fazendo...

Tudo o que ela disse parecia certo; e eu ri disso, mais tarde, quando contei para Michael. "Você tem de admitir que, quando vai a uma conselheira à procura de ajuda e ela lhe diz para crescer, ver graça nisso é sinal de saúde emocional."

Diga o fraco: "Sou um guerreiro!" (Joel 3:10)

Chega um momento em nossa caminhada com o Senhor em que temos ensinamento, aconselhamento, libertação e conhecimento suficientes para sermos independentes e dizer: "Não vou viver mais no lado negativo da vida". Não podemos depender de alguém para segurar nossa mão e fazer os momentos difíceis desaparecerem. Temos de "crescer" e assumir a responsabilidade por nossa vida. Precisamos decidir não ser vítimas da circunstância, porque Deus tem nos dado uma saída. Não devemos nos apoiar em nossa própria força, mas permanecer firmes em Deus.

Permanecendo firmes no Senhor, nos mantemos firmes contra o inimigo. Não choramos, nos queixamos, nem lamentamos o que não aconteceu. Nós nos alegramos com o que houve e com tudo o que Deus está fazendo. Permanecemos firmes naquilo que conhecemos e em quem confiamos. Tudo isso acontece quando oramos e cremos nas promessas de Deus.

Para fazer a oração de promessa, você precisa ter claro em sua mente as coisas que são sempre verdadeiras acerca de Deus e mantê-las ao longo de sua vida para ver se elas se alinham. Se você teme que Deus o esteja castigando por alguma coisa, isso se alinha com a bondade dele? Não se concentre no que está acontecendo à sua volta, mas no que há em você.

❋ Sete coisas que sempre são verdadeiras sobre Deus

Você pode fazer dessas frases uma oração de promessa.

1. *Sei que Deus é bom.*

    "Bom e justo é o Senhor." (Salmo 25:8)

2. *Sei que Deus está do meu lado.*

    "O Senhor está comigo." (Salmo 118:6)

3. *Sei que os caminhos e as leis de Deus são para o meu bem.*

    "As ordenanças do Senhor são verdadeiras,
    são todas elas justas... há grande recompensa
    em obedecer-lhes." (Salmo 19:9,11)

4. *Sei que Deus está sempre comigo.*
   "Nunca o deixarei, nunca o abandonarei." (Hebreus 13:5)

5. *Sei que Deus me quer restaurado.*
   "Tu me livraste da morte." (Salmo 116:8)

6. *Sei que as promessas de Deus para mim nunca falharão.*
   "A tua fidelidade é constante por todas as gerações." (Salmo 119:90)

7. *Sei que Deus é sempre vencedor.*
   "[O Senhor] triunfará sobre os seus inimigos." (Isaías 42:13)

❈ A oração de promessa o liberta para viver na plenitude de Deus

Há uma linha divisória definida entre o reino de Deus e o de Satanás, e há pessoas à margem de cada um deles. Não é preciso muito para que elas passem para o território de Satanás, permitindo que ele controle uma parte do coração delas no processo. Só é preciso é aceitar uma pequena mentira do tipo: "É o meu corpo", "É a minha vida" ou "Tenho meus direitos". Essas mentiras levam a uma pequena lascívia, a um pequeno adultério, furto ou assassinato.

Todo mal acontece por desvio. O diabo instiga-nos a aceitar coisas contrárias aos caminhos de Deus. Ele apela à nossa carne e maquia os problemas para que pareçam adquirir vários tons de cinza. Aceitamos a cor cinza como um tom diferente do branco, e não como alteração do preto, o que ele realmente é. Ou você está alinhado com o reino de Deus ou com o de Satanás. Preto é preto e branco é branco.

A boa notícia é que não precisamos ouvir mentiras. Talvez pensemos que devemos seriamente dar crédito a tudo o que entra em nossa mente, mas não. Só precisamos examinar nossos pensamentos à luz da Palavra de Deus e ver se eles estão alinhados de forma adequada.

Por trás do desvio sempre há um espírito maligno. Isso significa que todo desvio traz escravidão, que só pode ser removida quando substituída pela verdade de Deus e por uma vida de acordo com essa verdade. Sem a Palavra de Deus enchendo sua mente com a verdade, você não consegue identificar as mentiras. E sem orar diariamente: "Senhor, não permita que eu seja enganado", você não pode expulsar o enganador. Tudo o que você não sabe sobre Deus será usado pelo diabo contra você.

Um dos primeiros passos de obediência é você assumir o controle de sua mente. A menos que permita que a verdade da Palavra de Deus encha e governe sua consciência, o enganador aparecerá para manipulá-lo, a fim de que você cumpra o propósito dele. Deus quer que estejamos livres das garras mortais do pecado, quer tenhamos agido por ignorância ou com pleno conhecimento e quer nos sintamos culpados ou não. Quando você descobrir que foi enganado, confesse e se arrependa no mesmo instante. Peça para Deus derramar a misericórdia dele sobre você e libertá-lo da pena de morte de seu pecado.

Depois que você confessar e orar, não deixe o diabo continuar a acusá-lo. Você recomeçou do zero com Deus, por isso se sinta livre para viver na plenitude de tudo o que Deus tem para você.

❊ A oração de promessa traz provisão no nome de Jesus

Imagine o poder do nome de Jesus para aqueles que o conhecem e o amam. Certas garantias e recompensas são inerentes ao simples fato de reconhecermos o nome de Jesus. Por exemplo, a Bíblia diz: "O nome do Senhor é uma torre forte; os justos correm para ela e estão seguros" (Provérbios 18:10). Há uma cobertura que protege qualquer pessoa que recorre à alcunha do Senhor.

O Senhor tem muitos nomes na Bíblia, e cada um expressa um aspecto de sua natureza ou um de seus atributos. Quando o reconhecemos por essas denominações, convidamo-lo a ser essas coisas para nós. Por exemplo, ele é chamado de Médico. Quando dizemos: "Jesus, tu és o meu médico", e unimos isso à fé, essa atitude faz com esse atributo ser aplicado à nossa vida. Isso é fazer uma oração de promessa.

Uma das razões por que não temos a perfeição, a realização e a paz desejadas é que não reconhecemos Deus como a resposta a todas as nossas necessidades. Pensamos: "Ele pode ter me dado a vida eterna, mas não sei se pode lidar com meus problemas financeiros". Ou: "Sei que ele pode me levar a um emprego melhor, mas não tenho certeza se pode restaurar meu casamento"; "Ele curou meu problema de coluna, mas não sei se pode levar embora minha depressão". A verdade é que ele é tudo o que precisamos, e temos de nos lembrar sempre disso. Na realidade, é bom dizer, todos os dias, para si mesmo: "Deus é tudo de que preciso", e depois pronunciar o nome do Senhor que responde à sua necessidade específica naquele momento.

Você precisa de esperança? Ele é chamado de nossa Esperança. Diga: "Jesus, tu és a minha Esperança".

Você está fraco? Ele é chamado de nossa Força. Diga: "Jesus, tu és a minha Força".

Você precisa de conselho? Ele é chamado de Conselheiro. Diga: "Jesus, tu és o meu Conselheiro".

Você se sente oprimido? Ele é chamado de Libertador.

Você está sozinho? Ele é chamado de Companheiro e Amigo.

Ele também é denominado Emanuel, que significa Deus conosco. Ele não é distante e frio, sem interesse por você. Ele é Emanuel, o Deus que está com você neste exato momento à medida que o reconhece em sua vida.

❈ Sete atributos do Senhor

Colocá-los como uma oração de promessa o ajudará a lembrar de que Deus o conhece e cuida de você:

1. Ele é meu restaurador. (Salmo 23:3)
2. Ele é meu conselheiro. (João 14:16)
3. Ele é minha força. (Isaías 12:2)
4. Ele é minha esperança. (Salmo 71:5)
5. Ele é meu curral. (Jeremias 50:6)
6. Ele é a minha fortaleza. (Salmo 18:2)
7. Ele é o meu abrigo contra a tempestade. (Isaías 25:4)

Deus é o supremo intelecto, que nos criou e nos conhece melhor do que nos conheceremos algum dia.

Ele é poderoso por nós e nos ama na medida máxima possível. Sem ele, a cura completa não acontecerá em nossa vida. Todas as coisas que precisam ser operadas em nós nunca acontecerão. Reconhecê-lo como a resposta para todas as necessidades é o alicerce sobre o qual a perfeição é construída.

Momento de reflexão e oração

1. Releia e escreva as sete coisas que Deus diz ser sempre verdade sobre você em diferentes pedaços de papel e os espalhe em locais estratégicos de sua casa ou ambiente de trabalho.

   ....
   ....
   ....
   ....

2. Ao descrever cada uma delas, tente trazer à memória algum momento em que Deus mostrou de forma clara essa verdade sobre você.

   ....
   ....

3. Se não for capaz de se lembrar de pelo menos uma experiência, peça para Deus abrir seus olhos para sua ação.

   ....
   ....
   ....

4. Em algum momento da sua vida uma pessoa muito próxima não cumpriu uma promessa? Como isso refletiu na sua vida?

   ....
   ....
   ....

5. Converse francamente com Deus sobre a dificuldade que você sente em "crescer" em determinadas áreas de sua vida.

   ....
   ....
   ....

6. Peça para Deus o(a) libertar para viver a plenitude dos planos dele.

   ....
   ....
   ....

sete

Oração de bênção

*Seja sobre vocês a bênção do
Senhor. (Salmo 129:8)*

Oração de bênção

CERTA VEZ, DEI PARA minha filha de 6 anos, Amanda, uma caixinha decorativa. Dentro, coloquei uma pequena joia que ela queria já fazia um bom tempo. Quando abriu o presente e viu a caixa, ela comentou cada detalhe com alegria.

— Ah, mamãe, ela é tão linda! Olhe para as rosas cor-de-rosa e as fitas pintadas, e veja como o fecho dourado é pequenininho. É a caixa mais linda que já vi!

Ela ia levar a caixa para seu quarto quando eu disse:
— Amanda, abra a caixa.
Ela a abriu e gritou:
— Ah, obrigada, mamãe! É a gargantilha que eu queria! — e correu para um espelho para colocá-la.

Fiquei sentada ali, refletindo: "Ela teria ficado feliz se tivesse ganhado só aquela caixa bonita". Então pensei em como nosso Pai celestial nos dá presentes, mas, muitas vezes, não os abrimos ou deixamos de tomar posse de tudo o que ele tem para nos dar só porque não vemos o que está ali, ou porque eles não foram pedidos. Deixamos os presentes de Deus fechados.

❈ Oração de bênção para receber o poder de Deus

O poder de Deus é um presente para nós usarmos, entre outras coisas, para a cura de nossa alma; e qualquer pessoa que queira saúde e restauração emocional deve ter acesso a ele. Deus quer que você conheça a "incomparável grandeza do seu poder para conosco, os que cremos" (Efésios 1:19), para que ele "[o] fortaleça no íntimo do seu ser com poder, por meio do seu Espírito" (Efésios 3:16).

Você não pode fazer aparecer, ter à força ou exigir o poder de Deus; só pode orar para tê-lo e recebê-lo do Senhor. Oswald Chambers diz que o propósito de Deus é "que você dependa dele e de seu poder agora". Ao depender do poder de Deus, e não da sua própria força, você está cumprindo o propósito dele para a sua vida.

Se você se sente impotente e fraco diante de sua situação, então agradeça a Deus, porque, ainda que você seja fraco, ele não é. Deus diz: "O meu poder se aperfeiçoa na fraqueza" (2 Coríntios 12:9). Assim como Jesus foi crucificado na fraqueza e vive em todo o poder agora, o mesmo se aplica a nós se nos achegamos a ele na fraqueza. Nossa força vem do Espírito Santo trabalhando em nós. Jesus disse para seus discípulos: "Receberão poder quando o Espírito Santo descer sobre vocês" (Atos 1:8).

Sempre estamos carentes de um novo fluir do Espírito Santo. Peça por isso todos os dias. Todas as manhãs, diga: "Deus, preciso de um novo fluir do poder do teu Espírito Santo operando em mim neste dia. Sou fraco, mas tu és todo-poderoso. Peço-te que sejas forte em mim neste dia". Esta é uma oração de bênção cheia de poder.

Não seja uma vítima das circunstâncias. Não se deixe atormentar. Não fique sentado com os braços cruzados enquanto a vida, ao que parece, está se despedaçando. Não viva em termos de energia humana. Peça a Deus que o poder dele flua por sua vida e o capacite a se colocar acima de suas limitações.

Se você está impressionado com o quanto acha que terá de fazer para chegar à perfeição total, ou se tem dúvidas se pode, de fato, fazer tudo o que é necessário, então precisa se lembrar de que o Espírito Santo cumpre a perfeição em você, à medida que você lhe permite. Deixe-o fazer isso. Só é necessário dizer para Deus que você quer que os caminhos dele se tornem seus caminhos, e depois dar um passo de cada vez conforme cada um deles lhe for revelado. O poder de Deus que opera em — e por meio de — você abrirá portas nunca imaginadas possíveis.

Que proveito tem o poder de Deus se você nunca o recebe e o usa? Diga para Deus que você deseja receber o presente do poder dele e veja como ele o abençoa com esse presente. Sua vida depende disso.

✦ Oração de bênção para receber fé

Fé é um músculo espiritual que precisa ser exercitado para impedir a atrofia, capaz de fazer todo o nosso ser espiritual enfraquecer. Primeiro, a fé é uma decisão, depois um exercício de obediência e, então, um dom de Deus à medida que é multiplicada. O primeiro passo é dado quando decidimos receber Jesus como nosso Salvador. Em seguida, sempre que escolhemos confiar no Senhor, edificamos essa fé; no entanto, quando optamos por não confiar nele, a destruímos. A fé é a nossa decisão diária de confiar em Deus. Trata-se de um dom do Senhor: somos capacitados para crer, contudo precisamos obedecer, edificando essa fé.

E como ela é edificada? O primeiro passo é ser totalmente aberto e honesto com relação a qualquer dúvida quanto à capacidade de Deus ou sua fidelidade de suprir todas as nossas necessidades. A dúvida provém de uma mentira do inimigo, que diz que Deus não é todo-poderoso. Se você ouvir essa mentira, confesse-a como pecado.

O próximo passo é encher sua mente com a Palavra: "A fé vem por se ouvir a mensagem, e a mensagem é ouvida mediante a palavra de Cristo" (Romanos 10:17). Ler a Palavra em voz alta todos os dias, submetendo-se regularmente ao ensino da Bíblia, criará confiança. Sua boca e seu coração precisam estar unidos nisso.

Uma vez que suas orações só serão tão fortes quanto a sua fé em Deus, é sempre bom ler a Palavra antes de orar. Peça para Deus lhe dar fé toda vez que você pedir e procure ler a Palavra até perceber a fé aumentar em seu coração. Ela abre o caminho para a oração atendida. Toda vez que tenho medo ou duvido que minha vida esteja segura, leio a Bíblia até sentir a paz de Deus em mim. Quanto mais leio, mais esperança sinto. Depois, quando oro, fico confiante que Deus responderá às minhas orações.

A Bíblia fala de pessoas que não conseguiram entrar na Terra Prometida: "Por causa da incredulidade não puderam entrar" (Hebreus 3:19). Não deixe isso acontecer com você. Escolha participar de tudo o que Deus tem para você, fazendo a oração de bênção para receber a fé. Quando floresce, a fé gera esperança. Juntas, esperança e fé dão-lhe uma visão de sua vida.

> Fé é a confiança inexprimível em Deus, a confiança de quem nunca imagina que ele está ausente. (Oswald Chambers)

✤ Oração de bênção para você ser completo

Deus criou o mundo pela sua palavra, chamando-o à existência. Uma vez que fomos criados à semelhança de Deus e seu Espírito habita em nós, temos o poder de fazer, pela nossa palavra, que os nossos próprios mundos venham a existir também. Quando falamos de modo negativo sobre nós mesmos ou nossas circunstâncias, acabamos com a possibilidade de as coisas serem, de alguma forma, diferentes.

No início de minha caminhada com o Senhor, eu falava muitas coisas negativas, como: "Eu sou um fracasso", "Sou feia", "Nada dá certo", "Ninguém realmente se importa comigo", até que, um dia, o Espírito Santo falou ao meu coração por meio de Provérbios 18:21: "A língua tem poder sobre a vida e sobre a morte". Uma rápida avaliação das coisas ditas em voz alta e em minha mente revelou que eu estava proferindo palavras de morte, não de vida. Esse pensamento foi assustador.

Um exemplo claro do que esse versículo me disse tinha a ver com meus problemas de fala. Eu os tinha desde a infância e fui importunada durante todos os meus anos de escola. Assim que fiquei madura o suficiente para trabalhar e buscar ajuda profissional, recorri a um logopedista todas as semanas. Eu fazia exercícios dia após dia, ano após ano, para conseguir o que parecia uma pequena melhora.

Dois anos depois que Michael e eu estávamos casados, fizemos alguns concertos musicais juntos e eu fui solicitada a falar sobre cuidados com a saúde nas aulas semanais da igreja. A despeito de todo o meu trabalho árduo com o terapeuta, eu ainda perdia a voz na metade de cada compromisso por causa da tensão no pescoço. Eu ficava muito desanimada e me sentia um fracasso.

"Nunca vou falar direito", eu gritava repetidamente, desesperada e frustrada. Mas, um dia, enquanto eu dizia isso, o Senhor falou ao meu coração: "Você está trazendo morte para si porque não está falando a verdade sobre sua situação".

"O que isso significa, Senhor? Devo negar o que está realmente acontecendo comigo?", perguntei a Deus.

"Não fale o que você acha ser verdade ou o que parece ser verdade", ele respondeu ao meu coração, "em vez disso, fale o que você sabe ser a verdade da minha Palavra".

Nos próximos dias, certos versículos chamaram a minha atenção. Isaías 32:4:"A língua gaguejante falará com facilidade e clareza" e "Pus minhas palavras em sua boca" (Isaías 51:16).

Depois disso, toda vez que eu era tentada a me entregar ao desânimo, eu repetia esses versículos para mim mesma e dizia: "Obrigada, Senhor, por me ajudares a falar devagar e com clareza. Posso fazer todas as coisas por meio de Cristo, que me fortalece. Louvado sejas, Senhor, porque tu me darás as palavras para dizer e irás ungi-las para que tenham vida".

Livrei-me, intencionalmente, de outras coisas negativas que pronunciava. Eu deixei de dizer: "Sou um fracasso", porque a Palavra de Deus diz que a verdade a meu respeito é o contrário. Parei de falar: "Estou perdida", e comecei a reconhecer Deus como a esperança de minha vida.

Logo depois, quando fui solicitada a falar em um grande encontro de mulheres, apresentei ao Senhor, em oração, todos os meus temores sobre o meu problema e não deixei minha boca dizer que eu iria fracassar. Falei a verdade de Deus, em vez de exprimir minhas próprias opiniões negativas. Consequentemente, eu me saí tão bem que um ministério inteiro de palestras se abriu para mim. Quando você estiver falando sobre si mesmo, pronuncie palavras de esperança, de saúde, de encorajamento, de vida e de propósito — elas são a verdade de Deus para você.

Muitas vezes repetimos o que o diabo nos falou na nossa mente ou o que outra pessoa nos disse anos atrás: "Você não tem valor. Você nunca será grande coisa". A Bíblia diz: "[Você] caiu na armadilha das palavras que você mesmo disse" (Provérbios 6:2). Isso inclui as mensagens silenciosas ditas para nós mesmos, bem como o que falamos em voz alta.

Quando você estiver falando de si, use palavras de esperança, saúde, encorajamento, vida e propósito — elas são a verdade de Deus para você. Risque de seu vocabulário as palavras de desesperança, dúvida e negativismo. O que você diz pode não parecer prejudicial, mas afeta seu corpo e sua alma. As palavras promovem saúde e vida ou doença e morte. Ande em obediência ao Senhor dizendo apenas aquilo que reflete a perfeição que você deseja.

Deus tem tanta coisa para você. Aprenda a orar como ele quer, para que o Senhor possa inundá-lo de suas bênçãos além daquilo que você pode imaginar.

Momento de reflexão e oração

1. O que é capaz de desanimar você ou deixá-lo sem esperança?

   ....
   ....
   ....

2. Em algum momento da sua vida, uma experiência negativa afetou sua saúde e até mesmo a sua alma?

   ....
   ....
   ....
   ....

3. Como você reagiu diante dessas circunstâncias ruins?

   ....
   ....
   ....
   ....

4. Você acredita que precisa da ajuda de Deus para agir da maneira correta na próxima vez que algo ruim lhe acontecer?

   ....
   ....
   ....

5. Procure versículos que possam encorajar você nesses momentos e repita-os como uma oração, pedindo força a Deus.

   ....

   ....

   ....

6. Liste os problemas que ainda tiram sua paz e declare a benção de Deus sobre cada um deles.

   ....

   ....

   ....

   ....

   ....

   ....

Este livro foi impresso pela Vozes, em 2023, para a Thomas Nelson Brasil. O papel do miolo é pólen bold 90 g/m², e o da capa é cartão 250 g/m².